AF319886

DEUX MOTS

SUR

L'ASSISTANCE

ET LE SOCIALISME

A PROPOS D'UNE ASSOCIATION DE BIENFAISANCE

ENTRE TOUS LES GARDES NATIONAUX ET HABITANTS

de la rue de Grenelle-Saint-Honoré,

Par Paul DUPONT.

PARIS

IMPRIMERIE ADMINISTRATIVE DE PAUL DUPONT,

RUE DE GRENELLE-SAINT-HONORÉ, 55.

1850.

Il y a quelques jours, la lettre suivante était écrite aux gardes nationaux de la rue de Grenelle-Saint-Honoré, et réunissait aussitôt toutes les adhésions :

Paris, le 25 décembre 1849.

« CHERS CAMARADES,

« En 1848, époque où la gêne commerciale avait beaucoup augmenté le nombre des indigents, la mairie eut l'excellente pensée de faire distribuer par une commission prise dans notre compagnie les secours dont elle pouvait disposer.

« Je viens vous proposer de rétablir cette association, qui a cessé de fonctionner depuis un an, et de lui donner une existence permanente, en fournissant nous-mêmes les fonds de secours.

« Elle prendrait pour titre : *Association fraternelle entre les gardes nationaux et les habitants de la rue de Grenelle-*

Saint-Honoré, pour venir en aide et porter secours à leurs voisins malheureux, et je suis certain que, bien administrée, elle produirait d'excellents résultats.

« Tous les cœurs sont naturellement compatissants : si quelques-uns le paraissent moins, c'est qu'on n'a pas su leur demander convenablement.

« En général, on est peu ému des malheurs vus à distance ; on les croit exagérés, on craint que le secours ne fasse fausse route, et on remet au lendemain à donner. Mais que l'on vienne dire : *A deux pas de vous, une femme, un vieillard, des enfants manquent de pain ou de vêtements ;* et toutes les mains, sans en excepter une seule, s'ouvriront.

« L'organisation des compagnies de la garde nationale par rue résout admirablement la difficulté. La rue, c'est le village ; on s'y connaît les uns par les autres. Les maisons sont de verre et laissent voir tous les genres d'infortunes, celles même qui sont supportées sans se plaindre, et qui sont d'autant plus intéressantes qu'elles ne demandent rien.

« Pour réaliser cette belle œuvre de secourir tous les malheureux qui nous entourent, nous aurons les fonds de notre souscription, et, s'ils deviennent insuffisants, l'aide de la mairie. Le bureau de bienfaisance s'empressera lui-même de faire passer par nos mains des secours qu'il sera sûr de voir arriver ainsi aux plus nécessiteux et aux plus méritants.

« Mais nous ne remplirions qu'une partie de notre tâche en nous bornant à distribuer des aumônes. L'aumône empêche de mourir de faim ; mais elle tue, à la longue, le moral de celui qui la reçoit. En procurant du travail à ceux qui peuvent travailler, en plaçant les enfants en apprentissage, nous remonterons à la cause de la gêne, nous couperons le mal dans sa source, et nous doublerons le prix de notre bonne action.

« A l'œuvre donc, chers camarades : la saison est rude, le temps presse ; ne nous arrêtons que le jour où on pourra inscrire ces mots à côté du nom de notre rue : « Il n'y a plus « ici de pauvres ni de malheureux. »

« *P. S.* Je souscris personnellement pour 500 fr. »

De semblables associations, si elles étaient formées dans tous les quartiers, pouvant exercer une heureuse influence sur la condition de la population pauvre de Paris, nous n'hésitons pas à livrer à la publicité nos projets de statuts et les observations qui ont déterminé leur adoption.

Nous sommes intimement convaincu que l'association, appliquée à l'assistance et développée dans toutes les communes de France, doublera les bienfaits de la charité, et, en réconciliant entre elles les diverses classes de la population, aujourd'hui si divisées, sera peut-être un jour l'instrument de salut de notre société ébranlée.

I.

Nécessité d'organiser sur de nouvelles bases l'assistance publique et les bureaux de bienfaisance. — Etat de la société, et ce qu'il faut faire pour que chacun donne dans la mesure de ses moyens. — Comment les secours doivent être distribués. — La mendicité, qui est une honte pour le pays, doit complétement disparaître.

> Vous aimerez votre prochain comme vous-même.
>
> (Ev. St-Mathieu, chap. XXII, verset 30.)

> Que celui qui a deux vêtements en donne un à celui qui n'en a point.
>
> (Ev. St-Luc, chap. III, verset 11.)

Un fait grave a été, il y a quelques mois à peine, porté à la tribune législative. On a dit qu'un homme privé de tous secours, au sein même de Paris, était mort de faim!.... Cette triste nouvelle n'a point été, grâce au ciel, complétement prouvée; nous voulons même croire qu'elle était de beaucoup exagérée, sinon sans véritable fondement. Mais la seule pensée qu'un événement semblable serait possible est déjà affligeante pour un pays et y atteste l'insuffisance des moyens actuels de l'assistance publique.

La charité, cette vertu toute divine, est innée chez les hommes. Elle a déjà produit en France d'admirables institutions particulières qui méritent d'être signalées à la reconnaissance publique, et dont le seul défaut est de ne point être assez connues. Si elle n'a pas fait davantage encore, il ne faut l'attribuer qu'à son incomplète organisation.

Les bureaux de bienfaisance sont encore aujourd'hui ce que les a faits la loi de l'an v (1). On leur reproche, à Paris surtout, d'être surchargés de détails, d'exercer leur action sur un trop grand espace, et, ne pouvant tout voir par eux-mêmes, d'inscrire sur leurs rôles de répartition des noms qui ne sont pas toujours ceux des plus indigents. Si les dons qu'on leur fait ne sont pas plus nombreux, il ne faut point en chercher ailleurs la cause.

Il devient donc nécessaire, si on veut que la charité produise tout ce qu'elle peut produire, d'employer un levier plus puissant. La moitié des efforts que nous

______

(1) Loi du 7 frimaire, portant réorganisation sur de nouvelles bases des bureaux de bienfaisance.

voyons tenter depuis quelque temps en faveur de lo-
teries qui ne sont rien moins que morales, suffirait
pour centupler les recettes des associations charitables.

Les hommes qui sont en position de donner peuvent
être classés en trois catégories.

Quelques-uns dévouent leur vie à secourir leurs
semblables et s'occupent sans relâche d'améliorations
sociales. Ce sont des cœurs d'élite, malheureusement
trop rares, et qu'il faut laisser à leur libre arbitre.

On ne peut rien également sur ces hommes, honte
et fléau de la société, qui, soit par avarice, soit par
mauvaise nature, vivent et meurent sans avoir fait de
bien à personne.

Mais entre ces deux extrêmes se trouvent, en immense majorité, des personnes qui donnent peu, les
unes par légèreté de caractère, les autres parce qu'elles
sont préoccupées de leurs plaisirs, de leurs affaires, et
que le temps ou l'occasion leur a manqué ; beaucoup
aussi craignent de donner mal à-propos et par la main
des tiers ; mais il n'en est pas une seule peut-être qui
n'ait souhaité de rencontrer une souffrance véritable
à secourir.

Faites naître pour ceux-ci les occasions ; soyez en
mesure de leur montrer jour par jour, heure par heure,
les malheurs qui sont près d'eux, à leur porte, dans

leur maison peut-être; faites qu'ils aient la certitude du bon emploi des dons; qu'ils suivent, sans dérangement, les effets de leur charité; qu'un peu de reconnaissance leur arrive, et vous ne tarderez pas à recueillir des collectes assez abondantes pour qu'aucune misère ne reste sans soulagement.

Pour arriver à ce but et rendre la bienfaisance publique aussi prompte qu'efficace, il suffit de fractionner la ville, l'arrondissement, le quartier, la rue elle-même. Plus l'action sera restreinte, plus le rayon sera limité, mieux on saura, sans se tromper, ceux qui peuvent donner et ceux qui ont besoin de secours. Partant, les dons doubleront et le meilleur emploi des fonds sera garanti.

Le village à la campagne, la rue à Paris, doivent former la circonscription de bienfaisance.

La garde nationale offre, par son organisation, l'agent le plus propre à la mise en œuvre de la bienfaisance. La garde nationale est la partie la plus active, la plus saine de la population; aucune action ne saurait être aussi permanente, aussi immédiate, aussi féconde que la sienne; mieux que toute autre institution, même spéciale, elle peut connaître et apprécier les souffrances individuelles au milieu desquelles elle vit, faire des collectes profitables et en diriger l'emploi.

En se vouant à la noble mission de secourir toutes les infortunes de ses voisins, la garde nationale doit gagner elle-même en estime, en considération, en influence. Si des jours de danger revenaient; s'il lui fallait descendre en armes, dans la rue, pour défendre ses foyers, elle ne trouverait plus à ses côtés que des mains et des cœurs amis.

Dans cette sphère réduite, la bienfaisance ne sera pas seulement une vertu, elle sera presque un devoir. En effet, nul, sans être taxé d'égoïsme dans son quartier, ne pourrait rester indifférent et sourd à la voix de ses camarades, de ses voisins sollicitant l'obole pour le pauvre. Qui sait même si les cœurs restés secs jusqu'alors ne céderont pas à l'entraînement général?

Il y a sans doute des rues qui sont plus chargées que d'autres quant au nombre des indigents à secourir; mais ce n'est point là un obstacle. Dans une organisation de bienfaisance qui a pour objet de ne plus laisser de pauvres à Paris, il est bien entendu que toutes les rues, tous les quartiers seront solidaires; ceux qui n'auront rien ou peu à donner chez eux reporteront leurs bienfaits sur des rues moins favorisées (1).

(1) C'est d'ailleurs ce qui se pratique aujourd'hui : M. de Rothschild, quoique habitant du 2e arrondissement, vient tout récemment de mettre à la disposition du maire du 7e arrondissement mille bons de pain blanc de 2 kil. chacun pour les indigents.

Nous ne pouvons pas également considérer comme une objection sérieuse la crainte de voir affluer les pauvres dans les rues ainsi organisées. Le plus grand nombre de ménages à soulager ajoutera au mérite de l'œuvre de bienfaisance.

N'oublions pas que, il y a plus de douze cents ans, en 567, les devoirs de chaque cité ont été tracés dans ces sages paroles, qui renferment le germe de tout ce qui a pu être écrit depuis sur la charité :

« *Que chaque cité nourrisse d'aliments convenables* « *les pauvres qui y sont domiciliés*, suivant l'étendue « de ses ressources ; que les prêtres et les autres ci- « toyens y contribuent, *afin que les pauvres ne se* « *rendent pas dans les autres localités* (1). » (Canons du Concile de Tours, 567.)

Mais pour que l'on soit en droit de demander beaucoup, il faut que les secours soient distribués d'une manière irréprochable, que chacun demeure convaincu de leur bon emploi et des services qu'ils auront rendus.

(1) La Constitution, promulguée en 1848, nous fait aussi un devoir de l'assistance. On lit dans le préambule, § 7 : « Les citoyens doivent s'as- « surer par le travail des moyens d'existence, et par la prévoyance des « ressources pour l'avenir ; *ils doivent concourir au bien-être commun en* « *s'entr'aidant fraternellement les uns les autres*, et à l'ordre général « en observant les lois morales et écrites qui régissent la société, la « famille et l'individu. »

La misère naît de plusieurs causes ; elle provient le plus souvent d'affaires malheureuses, d'un trop grand accroissement de famille, d'une interruption de travail, d'une maladie prolongée, parfois aussi de l'inconduite du chef de famille.

Quelle qu'en soit la cause, toute infortune est digne de pitié, et l'assistance doit être prompte, assurée ; mais cette assistance ne doit que rarement se produire par l'aumône, car l'aumône humilie et finit par dégrader celui qui la reçoit (1).

Dans l'hiver, facilitez les acquisitions de bois ou de charbon, en obtenant qu'on le cède en détail au même prix qu'il se vend en gros ; donnez-en gratuitement à ceux qui n'ont aucun moyen d'en acheter ; faites placer dans les logements des poêles qu'on vous rendra plus tard ; dégagez du mont-de-piété les draps, couvertures ou vêtements dont la privation est doublement pénible au milieu d'une saison rigoureuse.

En été, visitez les mansardes pour vous assurer si elles n'ont pas besoin de quelques dispositions hygiéniques. Insistez près du propriétaire pour qu'il exécute ces dispositions à ses frais.

---

(1) Nous avons connu une dame qui, pour faire gagner l'argent qu'elle destinait aux pauvres de sa commune, détruisait, l'année suivante, le travail qu'elle avait fait faire précédemment, aimant mieux voir son parc constamment bouleversé que de donner de l'argent qu'on n'aurait pas gagné.

Obtenez du boulanger, du boucher, une petite réduction sur le prix du pain et de la viande vendus aux ménages que vous leur signalerez.

Pour ceux qui auraient besoin de crédit jusqu'à la fin du mois, rendez-vous caution du payement, et soyez sûrs que, loin d'abuser de votre confiance, ils tiendront à honneur de s'acquitter régulièrement envers leurs fournisseurs.

Envoyez visiter gratuitement les malades.

Fournissez les médicaments à ceux qui ne peuvent pas les payer.

Obtenez le placement des enfants dans les crèches, les asiles ou autres établissements qui peuvent en prendre soin, et continuez à veiller sur eux, dans leur nouvelle position, avec une sollicitude paternelle.

Procurez du travail aux femmes et aux hommes qui en auront besoin.

Donnez-leur des certificats et des recommandations pour les manufacturiers et les chefs de maison qui seraient dans le cas de les occuper, si vous ne pouvez leur fournir du travail dans la rue même.

Aux ouvriers qui manquent de crédit ou de matière première pour exécuter quelques travaux, prêtez pour un temps limité, et qu'ils soient tenus de vous rembourser au jour fixé, afin de leur faire prendre ainsi ces habitudes d'ordre et d'exactitude qui seules peuvent donner le succès et assurer l'avenir.

Tenez note exacte de tous les secours obtenus des particuliers, et donnez à ces secours et à leur emploi, en taisant les noms propres, toute la publicité possible, afin que les sociétaires, convaincus du bien qu'ils auront aidé à faire, augmentent l'importance de leurs dons, et que les rues qui ne sont point encore organisées n'hésitent pas plus longtemps à vous imiter.

La mairie continuera toujours à être le centre d'action des diverses associations de bienfaisance qui viendront à se créer : elle en dirigera les opérations.

Des agents nommés et rémunérés par elle constateront les travaux par quartier, puis ensuite par arrondissement, afin que les bureaux de bienfaisance puissent dresser, en fin d'année, une sorte de compte moral de l'assistance publique. Ces documents aideraient puissamment l'administration supérieure dans les efforts qu'elle pourrait tenter, d'une manière plus générale, pour arriver à l'extinction du paupérisme en France, et progressivement, à l'amélioration du sort des classes laborieuses.

Appliquées partout avec persévérance, les mesures que nous venons d'indiquer brièvement auraient pour résultat certain de faire disparaître, dans un temps rapproché, cette plaie hideuse de la mendicité, qui s'étend sur le pays tout entier et se dissimule sous tant de formes diverses.

Nous ne craignons pas de le dire : dans notre siècle la mendicité est une honte. Personne ne devrait être réduit à l'humiliation de mendier sa nourriture ni un abri.

L'homme valide doit suffire à ses besoins et à ceux de sa famille. Si la charité lui vient en aide, ce ne peut être que pour lui procurer du travail, qui le relèvera à ses propres yeux, lui inspirera la conscience de sa force, la mesure de sa capacité.

A celui que la maladie retient sur sa couche, il faut les soins du médecin, les médicaments, une nourriture saine et réconfortante, du feu en hiver, des vêtements, etc., jusqu'au jour où il sera en état de reprendre son labeur.

L'infirme, le vieillard sans famille et sans ressources, celui qui souffre d'une maladie incurable, doivent trouver dans l'hospice un asile toujours ouvert et un entretien convenable jusqu'à leur dernière heure.

Ces principes admis, plus de prétexte pour la mendicité, surtout si l'autorité locale remplit son devoir rigoureusement, en l'empêchant de reparaître sous quelque forme que ce soit.

Plus de ces pauvres nomades qui nous harcellent et nous suivent dans les rues et les places publiques, nous fatiguent du récit de douleurs et de misères auxquelles nous ne croyons pas, et arrachent une aumône à notre impatience ou à notre lassitude.

Plus de ces pauvres privilégiés qui s'installent, à place fixe, sous la protection de la police même, et qui ouvrent en quelque sorte boutique d'aumônes.

Plus de ces pauvres mystiques qui se tiennent, avec la permission des curés, sous le porche des églises, et occupent là une sorte de charge qu'ils se transmettent de génération en génération avec de gros héritages, ou qu'ils cèdent à bons deniers comptants.

Plus de ces pauvres hardis qui envahissent nos domiciles, sous un prétexte plus ou moins spécieux, et auxquels nous donnons quelquefois par crainte, toujours avec la certitude de mal placer notre argent.

Plus de ces femmes éhontées que les tribunaux nous ont montrées louant des enfants dans un but de mendicité, et poussant la barbarie jusqu'à exercer sur ces pauvres créatures d'indignes traitements, afin de raviver leurs cris et d'exciter ainsi la pitié des passants.

Qu'on se hâte de supprimer toutes ces tolérances mal entendues, et d'autant plus dangereuses qu'elles dessèchent la charité dans sa source en faisant douter de la réalité des infortunes pour lesquelles des secours sont demandés.

Une petite ville du département de la Meuse, Étain, qui compte à peine 3,000 habitants, vient de nous prouver ce que peut faire une société particulière bien dirigée. Grâce à son association, elle est parvenue en peu d'années à faire disparaître presque entièrement la misère de ses murs : la mendicité aux portes a complétement disparu : tous les enfants fréquentent les écoles. Depuis quatre années qu'elle existe, cette société a distribué en secours de toute nature 28,725 fr. 11 c.

L'exemple donné par les habitants d'Étain, qui sont parvenus à substituer la charité d'association à la charité privée et à régulariser, par une équitable répartition, les secours de la bienfaisance publique, mérite d'être signalé à l'imitation de toutes les communes de France.

Une autre petite ville, Vimoutiers, dans le département de l'Orne, a donné aussi un exemple remarquable de ce que peut faire la charité privée, quand, pour se procurer et répandre les secours, elle sait recourir à l'association. Une société de bienfaisance, fondée en **1833** dans cette ville, est parvenue, à l'aide de ses cotisations et de dons volontaires produisant annuellement environ **10,000** fr., à fournir des secours en vivres et vêtements (1) à tous les indigents de la localité et à les mettre ainsi, en tout temps, à l'abri des plus vives atteintes de la misère.

D'autres villes encore, que nous ne connaissons pas, sont probablement entrées aussi dans cette voie de progrès. Honneur à elles, et puisse leur exemple être bientôt suivi par toutes les communes de France!

Si les préventions, souvent les haines, qui divisent les classes diverses de la société disparaissent jamais; si la fraternité, cessant d'être un vain mot, il vient un jour où tous les Français seront unis comme une même famille, c'est à l'*assistance* seule, largement appliquée, que la civilisation sera redevable de cet immense bienfait.

(1) Des dames de Guise (Aisne) se sont associées, en 1849, au nombre de cent dix, dans le but de fournir des vêtements et du linge aux familles nécessiteuses. Le minimum de la souscription annuelle est de 15 francs. Le travail en commun a lieu un jour de chaque semaine dans une des salles de l'Hôtel-de-Ville. Ces dames se soumettent à une amende en cas d'absence, et, pour être sûres d'une équitable distribution des objets confectionnés, font elles-mêmes des visites à domicile. Beaucoup d'autres habitants de la ville ont voulu prendre part à cette œuvre bienfaisante par des souscriptions pécuniaires. — Une association à peu près analogue s'est produite à Laon.

II.

Le plus sûr moyen de combattre le Socialisme est de lui prendre ce qu'il a de bon. — Coup d'œil sur les principaux établissements de secours et de bienfaisance. — Nécessité de créer un journal consacré à l'assistance. — Le bon curé.

On se préoccupe beaucoup du socialisme, et la peur gagnant de proche en proche et grossissant le danger, on a fini par le regarder comme un véritable fléau qui peut compromettre un jour l'existence même de la société.

Ces terreurs nous semblent exagérées ; mais si, par malheur, elles étaient fondées, le meilleur et le plus sûr moyen de conjurer le danger serait de donner à la bienfaisance toute l'extension, toute la portée qu'elle peut avoir.

Vouloir empêcher que le nom même du socialisme soit prononcé dans un écrit (1) est un remède incomplet et qui ne saurait avoir grand succès au temps de liberté absolue où nous vivons.

Lorsqu'un fleuve menace de ravager les campagnes qui l'avoisinent, l'ingénieur habile fait élever des digues et ne conçoit pas la folle pensée d'en tarir la source ou d'en arrêter le cours. Pourquoi ne pas agir ainsi à l'égard du socialisme? Pourquoi, tout en lui laissant ces utopies vaines et impraticables qui le compromettent, et dont le bon sens public saura toujours faire bonne justice, ne pas admettre ce qui peut conduire à une amélioration sociale que tous les esprits généreux et sensés désirent, c'est-à-dire ces idées d'humanité, d'assistance fraternelle, que Jésus-Christ a mises depuis tant de siècles au cœur de tous les hommes, mais que malheureusement on oublie trop souvent de pratiquer (2)?

(1) Pétition adressée à l'Assemblée nationale par plusieurs habitants et magistrats du département de l'Ain.

(2) Nous ne parlons pas de ce socialisme exagéré et menteur qui rêve une organisation sociale absorbant l'individu et la famille, une sorte de niveau égalitaire pour tous les hommes, et mille autres systèmes non moins absurdes qu'il faut combattre à outrance à cause du but impie auquel ils tendent tous. Les réformes que demandent les hommes vraiment sages et bien intentionnés n'ont rien de commun avec ce socialisme. S'il semble aussi les demander, c'est afin que, séduits par ce que ces idées présentent de juste et de raisonnable, les esprits ignorants ou légers

Si les villes multiplient le nombre des asiles pour l'enfance, des maisons de retraite pour les infirmes et les vieillards ; si, dans la limite de leurs ressources, elles savent donner aux hommes valides du travail (1), aide et protection ; si elles encouragent dans leurs efforts ceux qui aspirent à se créer une modeste aisance par l'ordre et le travail, il n'y aura plus de plaintes fondées pour personne.

Si les habitants pauvres de la campagne sont sûrs de rencontrer chez tout propriétaire aisé un appui et du travail, ils béniront des fortunes qui seront pour eux comme une seconde Providence.

Si les ouvriers des manufactures, dont on accuse souvent sans motif les dispositions (car nous avons toujours trouvés pleins de bons sentiments ceux avec lesquels nous vivons depuis trente ans), ont dans leurs ateliers justice, sollicitude, secours, et, s'il est possible, une part dans les bénéfices nets réalisés

adoptent le tout sur cet aperçu et viennent se ranger en aveugles sous sa bannière.

(1) Les ateliers nationaux sont jugés, et nous sommes loin de vouloir nous en faire les apologistes ; mais là encore il y avait une pensée qui, sagement appliquée, pourrait produire beaucoup de bien sans inconvénient. — Pourquoi, dans les années de paix et de prospérité, ne pas étudier et préparer de grands travaux d'utilité publique, afin de pouvoir fournir, dans les temps de crise industrielle, à l'homme robuste et sans travail, le moyen de gagner le pain nécessaire à son existence ?

lorsque les affaires prospèrent, ils s'habitueront à regarder la maison où ils travaillent comme leur propre maison, et en deviendront les plus solides soutiens (1).

Si les ouvriers qui exercent des professions diverses trouvent dans une *Société de secours mutuels* un lien qui les unisse entre eux et leur prépare pour des jours difficiles des secours qu'ils devront, non à la charité, mais à l'économie, vous n'aurez plus pour l'émeute, dans les moments de troubles, que des chefs sans soldats : nul, sinon des ambitieux qui seraient promptement démasqués, n'aura intérêt à renverser une société si parfaitement organisée. A tous les droits électoraux qu'on lui offre, l'ouvrier préférera le droit d'association libre, un abri pour sa vieillesse, une éducation morale pour ses enfants, une participation dans le capital.

La propriété, les capitaux, les connaissances qui résultent de l'éducation, n'ont été donnés à un petit nombre qu'à la condition morale de faire servir cette fortune et ces connaissances au bien-être de ceux qui ont été moins heureusement partagés.

(1) Les ouvriers de l'*Imprimerie administrative*, qui sont intéressés à raison de 10 p. % dans les bénéfices, ont aidé à protéger les presses de leur établissement, alors qu'après la révolution de 1848, on brisait celles de plusieurs autres imprimeries.

La France a déjà fait un pas immense dans cette grande voie de l'assistance. A ceux qui prétendraient le contraire nous opposerions les chiffres suivants :

1,338 hôpitaux ou hospices fondés ;

7,599 bureaux de bienfaisance, et 304 établissements divers ayant le même objet.

En tout 9,242 établissements qui dépensent chaque année 115,441,232 fr. (1). Tel est le bilan de l'assistance publique, résultat glorieux, et que la France peut montrer avec un noble-orgueil.

Elle a fait beaucoup aussi dans le sens des associations particulières.

Dès 1845, on comptait, à Paris seulement, 258 sociétés de secours mutuels et de prévoyance entre ouvriers.

Ces sociétés suppléent heureusement aux anciennes corporations que 1791 a supprimées sans les remplacer par rien, au grand préjudice des divers corps d'état, car ces corporations offraient en tous temps, à leurs membres, secours, appui, crédit et utile concours.

____

(1) *Essai de statistique sur les établissements de bienfaisance*, par Ad. de Wateville.

Le capital connu pour **169** sociétés de secours mutuels s'élevait, en **1845**, à **3,960,528** fr. **75** c.

Les sociétaires reçoivent, en cas de maladie, un secours journalier qui varie de **1** fr. **50** c. à **3** fr. En outre, ils ont droit, à un certain âge, ou en cas d'infirmités, à une pension de retraite dont le chiffre s'élève de **200** à **500** fr. (**1**).

Indépendamment des sociétés dans les corps d'état, que nous considérons comme les meilleures entre toutes, plusieurs autres ont été créées par des hommes généreux, qui les soutiennent de leurs cotisations.

Nous citerons dans le nombre :

L'*OEuvre de Saint-Nicolas*, dont le but est de donner une éducation chrétienne aux orphelins et de leur faire apprendre un métier. Ses recettes ont dépassé, en **1849**, la somme de **205,802** fr., soit, pour chaque orphelin secouru, **222** fr. **92** c.

La *Société des Amis de l'Enfance*, pour l'éducation et l'apprentissage des jeunes garçons pauvres de la

---

(1) C'est là, à notre avis, le meilleur système des caisses de retraite, le seul qui puisse réussir, et dans lequel l'État ne devrait nullement intervenir, sinon par le don d'une petite somme qui serait accordée comme une sorte de prime ou d'encouragement à toute nouvelle société qui viendrait à se former.

ville de Paris, l'une des mieux administrées et des plus intéressantes. Elle paye avec ses revenus les apprentissages de plus de **200** enfants, et distribue des prix à ceux dont la conduite a été la meilleure.

La *Société des Dizaines*, qui place une famille pauvre sous le patronage de dix familles aisées, et assure ainsi l'éducation et l'avenir des enfants de la famille adoptive.

La *Société philanthropique*, qui fonctionne depuis cinquante ans et dépense annuellement près de **100,000** fr. en secours avec le seul produit de ses souscriptions.

La *Société de Saint-Vincent-de-Paul*, qui a pour but principal la visite des pauvres et leur assistance à domicile.

La *Société pour le renvoi dans leur famille des jeunes filles sans place et des femmes délaissées*, qui, dans son dernier exercice, a pu secourir ainsi deux cent vingt-deux personnes.

L'*Asile-Ouvroir du Cœur-de-Marie*, qui, en **1849**, a recueilli cent quarante convalescents sortant des hôpitaux, et trente-cinq pauvres jeunes filles que l'indigence et le manque absolu de travail auraient infailliblement conduites à l'hôpital ou jetées dans une voie de désordres.

La *Société de Charité maternelle*, qui donne chaque année à plus de mille mères de famille des secours en layettes et en argent.

La *Société de la Miséricorde*, fondée en **1833** par Melle de Quelen, dans le but de secourir les familles qui, d'une position élevée et aisée, sont tombées dans l'indigence.

La *Société charitable de Saint-François-Régis*, qui fait légitimer annuellement environ quatorze mille mariages.

L'*OEuvre des apprentis ouvriers*, qui a fondé, pour mille jeunes gens, des écoles du soir et du dimanche.

L'*Association des artisans et fabricants pour l'adoption des enfants des deux sexes*, qui prend annuellement sous sa tutelle cent enfants, pour chacun desquels elle dépense 500 fr.

Nous regrettons que l'espace ne nous permette pas de parler de toutes les autres associations de ce genre (1). Le nombre en est grand, mais il le serait

---

(1) On peut citer encore les établissements suivants : *OEuvre de patronage des enfants de Saint-Vincent-de-Paul;* — *Société d'adoption;* — *Société de la Providence*, pour secourir la vieillesse ; — *Société des amis des pauvres;* — *Société en faveur des vieillards pauvres*, fondée en 1802; — *Institution de la jeunesse délaissée;* — *Pensionnat des jeunes filles délaissées;* — *Établissement de Saint-Louis;* — *Atelier de madame Chauvin;*

bien davantage si elles étaient mieux connues, tant est puissante l'influence de l'exemple.

Qu'il nous soit permis à ce sujet de nous étonner qu'on n'ait pas encore créé à Paris un journal quotidien consacré exclusivement à l'assistance publique.

Cette feuille, dont nous appelons de tous nos vœux la publication, devrait, à défaut des particuliers, être fondée par le Gouvernement ; elle rapporterait, chaque matin, les actes de bienfaisance qui se seraient produits sur les divers points de la France, par les soins de l'administration locale ou ceux des citoyens. Ce serait, à coup sûr, le meilleur moyen d'éclairer les esprits égarés, d'exciter les sentiments charitables et d'amener même les plus mal disposés à reconnaître la nécessité de maintenir des fortunes qui ont fondé des institutions si utiles à l'humanité et qui, bien em-

— Association de jeunes économes ; — Association de Sainte-Anne ; — Association pour le patronage de jeunes détenus libérés ; — Association pour le patronage de jeunes détenues libérées et abandonnées ; — Association pour l'adoption des enfants trouvés et des orphelins pauvres ; — Maison de refuge des Sourdes-Muettes ; — Œuvre du Bon-Pasteur, chargée de placer les jeunes filles ; — *Comité de patronage pour les prévenus acquittés ; — Asile-Ouvroir de Gerando*, destiné aux convalescents ; — *Ouvroir de Vaugirard*, pour les femmes sans ouvrage ; — *Asile-Fénelon*, consacré aux petits enfants ; — *Société de patronage et de secours pour les enfants ; — Œuvre de Saint-Casimir*, pour les orphelines polonaises ; — *Asile de Notre-Dame-Auxiliatrice*, pour les femmes à gages arrivant de province sans emploi ; — *Ouvroir de Saint-Louis-d'Antin*, pour les femmes sans travail, etc., etc.

ployées , sont surtout nécessaires au peuple , puisque, sans elles, il n'y aurait ni industrie, ni grandes opérations commerciales , ni luxe, ni beaux-arts , toutes choses qui lui sont essentiellement profitables.

Un tel journal devrait avoir **100,000** abonnés et parvenir dans toutes les communes, sans exception.

Si cette feuille est fondée (et nous craignons le contraire en raison même de son utilité), nous voudrions y voir une place, non-seulement pour les œuvres de bienfaisance , mais pour tout ce qui se fait de bon et de généreux en France, où le nombre des hommes qui consacrent leur temps , leur intelligence et leur revenu à faire le plus de bien possible à leurs semblables , est moins limité qu'on ne pense.

Nous désirerions également y voir citer les actes de ces bons pasteurs qui, comme celui que nous retrouvons tous les ans à la campagne , ne se bornent pas aux conseils donnés dans la chaire.

Ce digne prêtre, dont nous tairons le nom pour ne pas offenser sa modestie, passe sa vie au milieu de ses paroissiens, les reçoit chez lui, va s'asseoir à leur foyer et est devenu leur arbitre dans toutes les questions d'intérêt. Son langage figuré, plein d'esprit et de bon sens, a sur tous ceux qui l'entendent une influence qui s'augmente encore du respect qu'on lui porte.

Grâce à ses soins paternels, la commune, toute petite qu'elle est, a son ouvroir, où les jeunes filles viennent matin et soir avec leur ouvrage, et où elles apprennent à travailler en même temps qu'elles reçoivent les premières notions de propreté et de tenue. Le travail de chaque matin commence par une petite prière (1).

Il y a dans le village des écoles bien gérées, où il donne lui-même deux fois par semaine une leçon de morale, qu'il sait rendre toujours attrayante ; une classe du soir pour les adultes, et une petite bibliothèque, ouverte à tous les habitants, composée de bons livres, qu'on prête d'un dimanche à l'autre et dont il s'est institué lui-même le bibliothécaire.

Nous n'en finirions pas si nous voulions rappeler tout le bien qu'on doit à ce prêtre modèle. Il nous suffira, pour le faire connaître, de rappeler une de ses conversations à laquelle nous avons assisté l'été dernier, et qui nous frappa tellement, que nous nous empressâmes de l'écrire en rentrant ; elle n'est pas d'ailleurs étrangère au sujet que nous traitons, et

---

(1) La première idée de ces utiles établissements est due à **M.** de **Cormenin**, le savant légiste, qui consacre une partie de son temps et de sa fortune à des actes de bienfaisance. On sait que de pareils établissements, dans les petites localités coûtent à peine 80 fr. de frais annuels, tant pour l'indemnité de chauffage à la personne qui prête le logement, que pour le fil et les aiguilles qu'on fournit aux petites filles.

montrera mieux que nos appréciations cette éloquence si simple et si naïve, toute empreinte de citations de La Fontaine, son auteur favori, dont il sait les fables par cœur et qu'il excelle à rattacher à ses discours.

C'était un dimanche, après vêpres. Assis sous de grands ormeaux qui bordent la rivière, les principaux habitants de la commune, tous endimanchés, entouraient leur curé. L'un deux s'applaudissait du résultat des élections qui venaient de donner la majorité à dix candidats de l'extrême gauche, et prétendait que chacune de nos institutions allait bientôt être changée ou modifiée.

« Jean-Claude, lui dit le prêtre, tu es un peu suspect à l'égard des changements que tu désires ; car tu n'as ni sou ni maille, et le billard, où tu vas beaucoup trop souvent, a déjà depuis longtemps absorbé le petit héritage que tu avais recueilli de ta tante Guillot. Ne crains-tu pas que l'on te soupçonne de vouloir des changements pour en profiter, et, comme dit le proverbe, afin de mieux pêcher en eau trouble ? Je t'ai laissé faire depuis un mois parce qu'en fait d'élection on doit respecter toutes les opinions ; mais je n'ai pas été content de toi, et le moment de régler nos comptes est venu ; il faut que je te dise tes vérités.

« Tu n'as pas cessé, dans ces derniers temps, de parcourir la campagne, pour débiter de gros mensonges et tâcher de séduire des niais. A celui-ci tu disais : — Tu ne payeras plus d'impôt; — à l'autre : — On va te rembourser les 45 centimes. — Les jours de marché, tu les menais au cabaret pour répéter les mêmes leurres, et tu payais leur régalade avec je ne sais quel argent. Eh bien! tu les as tous trompés, car tes prédictions ne se réaliseront pas, et ceux-là mêmes sur lesquels tu comptes, une fois arrivés à Paris, et tenant, comme on dit, la queue de la poêle, deviendront beaucoup plus raisonnables. »

Jean-Claude, fâché d'être ainsi morigéné, répondit d'un ton bourru :

« — Quoi que vous puissiez dire, mon opinion est qu'il y a beaucoup à changer dans le monde, que tout y est vieux, plein d'abus; que le pauvre peuple ne doit pas marcher à reculons et garder constamment le bât sur le dos; mais suivre, au contraire, une marche progressive.

« — A ces phrases creuses que tu as lues dans les journaux, reprit en souriant le curé, je vais répondre par une fable. Écoutez, mes enfants, vous qui entendez toujours mes histoires avec plaisir, et jugez :

« Un demi-savant se promenait un jour à la campagne. Il était de ces gens (le nombre en est plus grand qu'on ne pense) qui aiment à fronder tout ce qui est et croient de bonne foi qu'il n'y a rien de bien que ce qu'ils ont eux-mêmes imaginé. Notre homme rencontre un chêne colossal comme celui qui est au rond-point de notre forêt, et aussitôt de s'écrier :

« Eh quoi! un si petit fruit pour si gros arbre!
« Le bon Dieu avait certainement perdu la tête le
« jour où il conçut une pareille idée. Ah! que j'aurais
« bien mieux fait à sa place ! Sur cet arbre gigan-
« tesque, dont le tronc n'a pas moins de deux à trois
« mètres de tour, j'aurais attaché les citrouilles que je
« viens de voir dans le champ voisin, et quant au
« gland, je l'eusse placé sur cette tige rampante qui
« n'a pas même la force de se soutenir seule. »

« Ce grand effort d'imagination avait fatigué la cervelle du novateur; il éprouve le besoin de se reposer et s'endort au pied de l'arbre pour lequel il avait manifesté tant de mépris. Mais voilà qu'au plus fort de son sommeil un gland tombe sur le bout de son nez.... La douleur aiguë qu'il en ressent le réveille en sursaut. Il comprit alors que son idée d'innovation n'avait pas le sens commun, et que c'en était fait de lui si le fruit qui venait de l'atteindre avait été d'un poids plus considérable.

« Ce qui vous prouve, mes amis, que très-souvent le mieux est l'ennemi du bien, comme dit le proverbe.»

Et chacun de se mettre à rire de l'histoire, sauf Jean-Claude, qui ne voulut pas se tenir pour battu :

« — Mais en admettant, dit-il, qu'on ne doive rien changer aux œuvres du bon Dieu, il est sans doute permis de changer celles des hommes, et en nivelant les fortunes, faire que l'un n'ait pas tout et l'autre rien.

« — Ton second raisonnement, reprit le curé, n'est pas plus exact que le premier. En effet, si toutes les propriétés et les biens de la terre étaient partagés, nous serions moins heureux qu'aujourd'hui. Sans doute il n'y aurait pas de riches ; mais tout le monde serait pauvre, ce qui n'en vaudrait pas mieux.

« La totalité des valeurs qui existent en France, tant en biens qu'en argent, comparée au chiffre de la population et répartie également entre tous, donnerait par jour et par individu (on en a fait le calcul), devinez combien ?... 78 centimes !... et sur cette somme chacun serait tenu de se nourrir, de se vêtir et de pourvoir à tous les autres besoins de la vie.

« Quel est celui d'entre vous, je le demande, qui se contenterait d'un lot pareil, surtout lorsqu'il aurait perdu tout espoir d'améliorer par son labeur et ses économies une position si misérable ? Qui voudrait se faire boulanger, boucher, puisque son travail ne pourrait plus rien lui rapporter ? Les boutiques seraient fermées, et comme il n'y aurait pas de voituriers et de voitures, nous n'aurions plus ni sel, ni sucre, rien enfin de ce qui nous arrive des villes voisines.

« Le désir d'acquérir ou de conserver serait également éteint en nous, puisque celui qui aurait mis quelque chose de côté se verrait forcé, en fin d'année, de partager avec ceux qui auraient vécu dans la paresse et l'oisiveté. Dès lors, plus de courage et d'émulation parmi les hommes; car personne ne voudrait faire plus que son voisin, et si le voisin était un paresseux, les champs resteraient en friche, les prés ne seraient plus fauchés, les maisons tomberaient en ruine; en définitive, on arriverait ainsi jusqu'aux dernières limites de la misère.

« Voilà la belle existence que nous procurerait le partage des biens !

« Dites-moi si nous ne sommes pas plus heureux à présent. Celui qui a l'amour du travail, de l'ordre, une bonne conduite, est toujours sûr d'amasser quelque chose. Chaque jour, on voit des hommes n'ayant rien, et qui finissent par arriver à l'aisance, et même à la fortune.

« Loin de leur envier cette fortune, nous devons en être heureux; car elle n'est pas seulement utile à ceux qui la possèdent, mais à tous les autres.

« Si nous avons à réparer les désastres d'un incendie, d'une inondation, les ravages de la grêle ou de toute autre calamité, qui est-ce qui vient à notre aide? Ceux qui ont de l'aisance.

« Si un de nos ouvriers malade ou sans travail a besoin de secours pour sa famille ; s'il faut élever un orphelin, le mettre en apprentissage, à qui nous adressons-nous? A ceux qui possèdent et sont en état de donner, non à ceux qui ont à peine le nécessaire.

« C'est encore ceux qui ont des maisons à bâtir, des terres à cultiver, qui procurent du travail au charron, au menuisier, au maréchal, au maçon : et les marchands ne débiteraient plus leurs marchandises s'il n'y avait pas d'argent pour les payer.

« La richesse n'est donc pas inutile, mes amis. Personne ne doit mieux comprendre que nous les avantages qu'il y a pour un village à renfermer des hommes doués de quelque fortune, surtout lorsque ces hommes savent en faire un bon usage.

« Qui habite le château d'H...., à deux pas de nous? C'est une famille considérablement riche et qui fait considérablement de bien, car elle prête de l'argent sans intérêt à ceux d'entre vous qui en ont besoin (1) ; vous savez aussi qu'elle a institué des prix

(1) M. de Damas a déposé chez son notaire une somme destinée à être prêtée sans intérêts aux cultivateurs qui en ont besoin. Il suffit que leur moralité soit attestée par deux doyens du village, devant lesquels l'emprunteur engage sa parole de rendre la somme à une époque déterminée : cela s'appelle le *prêt d'honneur*.

qui sont distribués en fin d'année à tous les cultivateurs à la suite d'un banquet tout fraternel.

« N'avez-vous pas à vous louer encore du nouveau
propriétaire du château de **P....**? Industriel à **Paris**,
il a commencé par être ouvrier, et, n'ayant pas abso-
lument besoin du revenu de sa terre, voilà vingt ans
qu'il le dépense, et au delà, en améliorations et en
travaux. Les dépenses qu'il a déjà faites se sont éle-
vées à plus de **200,000** fr., dont chacun de vous a eu
directement ou indirectement sa part. Ce pont, placé
sous nos yeux, qui a mis en commmunication notre
village avec la grande route et doublé l'importance
de nos marchés, c'est également à lui que nous le
devons (1). Si le vieux château était resté inhabité
comme autrefois, nous serions encore aujourd'hui
obligés de passer à gué la rivière, au risque de nous
noyer lors des grandes eaux.

« Ainsi, mes amis, vous voyez que la fortune
entre les mains de quelques-uns est comme la réserve
de la société entière. C'est une des voies dont la Providence se sert pour venir en aide à ceux qui sont
dans le besoin et nous permettre de pratiquer la plus
touchante et la plus admirable des vertus chrétiennes :
la charité.

(1) Ce pont, qui a plusieurs arches, a été construit entièrement avec
les seuls fonds de souscription des propriétaires voisins.

« L'inégalité des conditions est une de ces grandes lois que rien ne peut faire plier. Vous la trouvez sous vos yeux partout et en toute chose. Tel naît fort, tel autre faible. Celui-là a un bon estomac, et une livre de pain est indispensable pour apaiser sa faim, tandis qu'un autre aura peine à en digérer le quart. C'est à quoi n'ont pas pensé ceux qui veulent nous faire tous vivre avec 78 centimes, que nous eussions ou non un robuste appétit.

« Cette inégalité existe également dans la nature, c'est-à-dire dans les œuvres de Dieu. Les jours se suivent et ne se ressemblent pas. En ce moment le temps est superbe; ce soir nous aurons un orage et demain peut-être de la pluie. Voyez ces arbres qui sont sur nos têtes, ils ont des milliers de feuilles, et vous en chercheriez en vain deux parfaitement semblables.

« Mais en supposant qu'il fût possible à Jean-Claude et à ses pareils de nous rendre tous également pauvres pendant un jour, le lendemain l'inégalité recommencerait; car celui qui, par suite de douleurs, serait resté au lit sans manger, aurait 78 centimes de plus que son voisin qui aurait fait ses trois repas.

« Ceux qui veulent détruire les fortunes ressemblent à cet homme dont la poule pondait chaque matin un œuf d'or, et qui la tua croyant trouver dans son sein un immense trésor. Non-seulement il ne l'y trouva pas, mais il perdit son revenu de tous les jours.

« Persuadez-vous, d'ailleurs, qu'une fois les grands propriétaires attaqués, on arriverait bien vite aux plus petits. Le mal est comme les cours d'eau, sa violence augmente en marchant ; et comme il n'est si pauvre qui ne puisse trouver plus pauvre que lui, après avoir pris les châteaux on s'emparerait ensuite des chaumières.

« Croyez donc votre vieux curé, mes amis ; laissez les choses comme elles sont, telles que nous les ont transmises nos pères, nous contentant de les améliorer successivement et sans secousse. Respectez le bien d'autrui pour qu'on respecte le vôtre. Ne devenons pas des voleurs !

« Qu'à leur tour, pour se faire bénir, et éteindre tout sentiment d'envie, ceux qui possèdent fassent le meilleur usage possible de leurs biens, et puissent répondre affirmativement à cette simple question que nous les engageons à se poser chaque soir : *Ai-je fait aujourd'hui à plus pauvre que moi, dans la mesure de ma fortune et de mes facultés, tout le bien que je pouvais faire ?* »

PIÈCES JUSTIFICATIVES.

ASSOCIATION FRATERNELLE

De la rue de Grenelle-Saint-Honoré.

PROJET DE STATUTS.

Art. 1er. L'Association fraternelle se composera de tous les gardes nationaux et habitants de la rue de Grenelle-Saint-Honoré qui adhéreront aux présents statuts.

Art. 2. Une commission de vingt-cinq membres sera désignée pour l'administration des intérêts de l'Association ; elle sera renouvelée, par cinquième, chaque année. Les membres sortants seront désignés par le sort et pourront être réélus.

La commission choisira dans son sein son président, son vice-président, un secrétaire, un secrétaire-adjoint et un trésorier.

Art. 3. La commission se réunira une fois par semaine, au moins, dans un lieu qui sera ultérieurement déterminé.

Art. 4. Les recettes de l'Association comprendront : 1° Le montant des cotisations mensuelles ; 2° les dons qui seront faits à la Société ; 3° les secours qui seraient mis à sa dispo-

sition par le Gouvernement, le département ou les établissements de bienfaisance.

Art. 5. La cotisation mensuelle est fixée, au minimum, à
1 franc.

Art. 6. Toute demande de secours devra être présentée
par un des membres de l'Association, sur un bulletin signé
par lui et constatant la position du demandeur, ses charges,
les causes de sa gêne. Deux délégués de la commission se
rendront ensuite près des familles recommandées, afin de faire
une enquête et de présenter un rapport. — Aucun secours ne
pourra être accordé antérieurement à ces deux formalités.

Art. 7. Les secours seront toujours en nature et provi-
soires. Les malades seront soignés gratuitement par deux
médecins et une sage-femme qui seront commissionnés par
l'Association.

Art. 8. La commission fera son possible pour procurer
du travail aux ouvriers sans emploi qui seraient recommandés
par un ou plusieurs membres de l'Association.

Art. 9. Chaque année, du 20 au 31 décembre, les comptes
de l'année seront arrêtés.

Art. 10. Un compte rendu sera dressé, à la même époque,
par les membres du bureau sortants, et constatera les résultats obtenus dans l'année. Un exemplaire imprimé de ce
compte sera remis gratuitement à chacun des membres de
l'Association.

Art. 11. Lorsque l'Association sera constituée, la commission administrative dressera un règlement particulier pour
tous les détails de son service.

Fait à Paris, le   janvier 1850.

MODÈLE DE CERTIFICAT.

Je, soussigné (1),   de la rue de Grenelle-Saint-Honoré, n°   , certifie que le dénommé ci-dessous, logé dans la même maison que moi, au   étage, a besoin des secours de l'Association fraternelle.

Nom et prénoms............	
Age et lieu de naissance......	
Profession.	
Nombre ⟨ au-dessous de 15 ans. d'enfants ⟨ au-dessus...........	
Cause de la gêne...........	
Moyen propose pour la faire cesser...............	

En foi de quoi, j'ai délivré le présent.

Paris, le   185

L'an mil huit cent   le
nous, soussignés, délégués par la commission de l'Association fraternelle de la rue de Grenelle-Saint-Honoré, à l'effet

(1) Garde national *ou* habitant.

de prendre des renseignements sur la position du S^r
désigné ci-dessus comme ayant besoin des secours de la Société, nous
sommes rendus au domicile dudit S^r   où nous
avons reconnu (1)

En conséquence, nous proposons (2)

Fait et signé à   les jour, mois et an susdits.

(1) Préciser les faits dont on a acquis la certitude, soit par soi-même, soit d'après les déclarations des voisins ou de la famille même.

(2) Dire si le secours doit être accordé, quelle doit être sa nature, s'il y a lieu à un secours d'urgence, etc.

www.ingramcontent.com/pod-product-compliance
Ingram Content Group UK Ltd.
Pitfield, Milton Keynes, MK11 3LW, UK
UKHW021012120726
13693UKWH00005B/1928